들 길

고석원 제9시집

엠-애드

아홉번째 시집을 내면서

시집을 낼 때마다
언제나
똑 같은 마음!

너무 기쁘면서도
두렵고
부끄럽습니다.

항상 그랬듯이
이번에도
용기를 내서

부끄러운 시 60편을 골라
고석원의 시 제9집
≪들길≫에 담아서
나와 나의 시를 사랑하는
독자들에게
두려운 마음으로 드립니다.

                  2008. 12. 12
                  著者 高錫元

1부 들길

- 들길
- 섬진강 물소리
- 가시나무새
- 로즈마리
- 쥬니장이 보내준 사진 한 장
- 필리핀 마빈 해안가에서
- 화분갈이를 하면서…
- 함박눈이 내리는 날이면
- 꿈에도 몰랐어요
- 그래도 1
- 그래도 2
- 그대는 갔습니다.

들길

너와 내가 둘이서 들길을 걷던
그날 밤은 어스름 달밤이었지!
여름밤 달빛에 희미하게 비친
너의 모습은 너무나도 아름다웠었어!

보는 사람 하나 없었어도
손도 한번 잡아보지 못하고
우리는 그냥 일상대화만을 나누며
시오리 먼 밤길을 걸었는데…

아무리 천천히 걸어도 왜 그리도
빨리 너의 집에 도착했던지…
나는 되돌아갔다가 오고도 싶었지만
그 말만은 차마 할 수가 없었어.

우리는 그날 아무 일도 없었는데도
그때 내 윗저고리 단추가
떨어져나간 걸 보면
내 가슴은 몹시 그날 밤 흥분되어 있었나봐!

섬진강 물소리

섬진강 물소리가
가장 아름다운
5월이나 되면
섬진강에 가서,

함께 다슬기를 잡자며
내 마음 울렁이게 해놓고
말도 없이
떠나버린 사람이 있었는데…

그 후로 나는 해마다
5월이 오면
나도 모르게
은빛 은어 뛰노는 섬진강물이 아른거려

몹시나
그 사람을 기다리지만
아, 그 사람은
올해도 소식이 없습니다!

가시나무 새

내게는 한때 아름다운
가시나무 새 한 마리가 날아와
유별나게 한 시도 날 떠나지 않고
내 주변을 돌며 살았습니다.

그런데 어느 날 가시나무 새는
울며 어디론가 훌쩍 날아가서는
강산이 변하도록 돌아오지 않아
나도 저를 까마아득히 잊고 살았는데…

언젠가는 다시 불쑥 나타나서는
예전보다도 더 그렇게
날 맴돌아서 이젠
정말 떠나지 않을 거라고 믿었는데…

가시나무 새는 또다시 날아가서는
영영 돌아오지 않고 있으니…
그런데 이번에는 가시나무 새가 왜 그런지
전처럼 까마아득히 잊혀 지지가 않습니다.

로즈마리

오, 로즈마리!
너는 내 손만 닿아도
네 몸은 달아오르고
네 향기는 날 사로잡는구나!

내가 기쁠 때나
슬플 때나
어려울 때나
병들었을 때까지도

너는 언제나
한결같이
내게 향긋이 다가와
평안을 안겨주니

아, 이 세상에 둘도 말고
너 같은 이 하나만
내게 있다면
나는 정말 행복할 텐데…

쥬니 장이 보내준 사진 한 장

그대의 아름답고 큰 눈엔
평안이 흐르고
앵두 볼 도톰한 입가엔
행복이 가득한 걸 보니

아마도
그대가 사는 씨에틀엔
이뿐 사람만 있고
미운 사람은 하나도 없나봅니다.

허기야 그대의 마음이 아름답고
가슴엔 늘 사랑이 배어있으니…
어디 간들
그대를 보고 손 저을 사람이 있겠습니까.

내가 그대를 좋아하는 것도
그대의 사진을 보고 있노라면
내 마음도 덩달아
평안해지기 때문입니다.

필리핀 마빈 해안가에서

남태평양
필리핀 루손 섬
남쪽 바닷가 마빈
비스마르트 호텔.

방금
먹구름이 울고 간
옥색 하늘 아래
잔잔히 일렁이는 에메랄드!

텅 빈 갈 빛 해안 가
맨발의 반바지
쪽방치마가
보기에 너무 아름다워서

나도 언젠가 꼭 한번은
저렇게 살고 싶은데…
아, 그런데 내게는
꽃방치마가 없구나!

화분갈이를 하면서…

오늘은 휴강일
유람삼아
서천 땅 금강 변에 가서
마사토를 담아다가

화단에 심어놓은
수형이 잘 잡힌 산다화
스무 그루를 캐서
화분에 옮겨 심었습니다.

그랬어도 내가
피곤치 않은 것은
지금도 내 안에
당신이 계시기 때문입니다.

명년 봄에 화분에서
아름다운 꽃이 피면
당신과 함께 보고 싶은데…
당신은 어디에나 계신지 영영 오시질 않는군요.

함박눈이 내리는 날이면

오늘같이
펑펑
함박눈이 내리는 날이면

님과 함께 손을 잡고
함박눈을 맞으며
한없이 걸었으면…

그러다가
출출해지면
포장마차 찾아가서

모락모락 꼼장어에
주거니 받거니
소주라도 한잔 마셨으면…

꿈에도 몰랐어요.

정말이지 난 꿈에도 몰랐어요.
그렇게도 허망하게 가셔서
영 영 아주 아니 오실 줄은
정말이지 난 꿈에도 몰랐어요.

사랑도 사람의 일이라
언젠간 변할 줄은 알았지만
그대가 아주 날 버리고
떠날 줄은 꿈에도 몰랐어요.

설령 그대 그렇게 가신데도 날 못 잊어
금방 다시 돌아오실 줄만 알았어요.
끝내 아주 아니 오실 줄은
정말이지 난 꿈에도 몰랐어요. .

그래도 1

당신은 비록
바람처럼 그렇게
나를 스치고 가셨지만

그래도 당신은
내 가슴 깊은 곳에
무지개로 남아있답니다.

당신이 지금
이대로 안 오신대도
그래도 내가 외롭지 않은 것은

당신이 나와함께
한 하늘아래
살고 있기 때문입니다.

그래도 2

아무리 불러 봐도
소용없지만
그래도 당신님을
부르는 것은

우리 영영 이대로
헤어진 뒤에
언젠가 당신 혼자
남게 된다면

당신 맘이 지금보다
더 아플까 봐
오늘도 당신님을
불러봅니다.

그대는 갔습니다.

그대는 갔습니다.
그러나 나는 그대를
보내지 않았습니다.

우리 서로
싫어져서 그만
헤어진 것도 아닌데…

그대 날 버렸다고
나마저 그댈 버린다면
그대가 너무 슬퍼할 것만 같아

그대는 가셔서
다시 돌아오지 않지만
그래도 나는 그대를 보내지 않겠습니다.

2부 해바라기

- 고독
- 진달래 필 때마다
- 그래도 3
- 그 커피가 먹고 싶어요
- 해바라기 2
- 지금도 밤꽃만 피면
- 5월이 오면
- 만추(晩秋)
- 백로2
- 귀뚜리
- 들꽃 2

고독

오늘따라 이 마음
너무나도 허전해
바람이나 쏘일까 하고
불시에 혼자 집을 나섰지만,

막상 나오고 보니
찾아갈 곳도
부를 사람도 없어
금강하구뚝을 찾았더니…

옛날 그 많던 사람들 다
어디로 갔는가!
텅 빈 하구뚝 광장엔
냉기만 가득하고

그 옛날
드라이브하던 차도에도
빈 대공 코스모스만
군데군데 볼품없이 서있구나!

진달래 필 때마다

앞산에 진달래 필 때마다
내 가슴 이렇게 설레는 것은

그대 그렇게 가셔서
다시 돌아오지 않지만,

그대 아직도 내 안에 남아
나와 함께 계시기 때문입니다.

그래도 3

앞산 진달래 피면 오신다던 님!
한번 가시더니
다시 오지 않는군요.

내가 아무리 기다려도
다시는 돌아오지 않을
님인 줄 알면서도

그래도
앞산에 봄이 오고
진달래 피어 흐드러지면

행여나 하는 마음에
내 마음 다
앞산에만 가있답니다.

그 커피가 먹고 싶어요

그 커피가 먹고 싶어요
금강하구둑 자판기에서
당신이 빼주던 커피 한 잔!
나는 그 커피 맛을 잊을 수 가 없어요

그때 우리 함께 나누어 마시던
그 커피보다 더
맛있는 커피는
어디서도 나는 보지 못했어요.

당신은 몰라도 그때
금강하구 황톳물에 떠있는 물새들은
내 눈에는 들어오지도 않았어요
내 눈은 온통 당신에게만 있었으니까!

동전을 챙겨 손에 쥐고
자판기 앞에서 서성이던
당신의 상기(爽氣)된 모습은
정말 보기에 너무 아름다웠어요.

해바라기 2

그날도 그 사람은 동구 밖
삼거리까지 나를 바래다주고
내가 보이지 않을 때까지 서서
나를 바라보고 있었습니다.

그런데 그날의 만남이
우리의 마지막이 될 줄은
정말이지
나는 꿈에도 몰랐습니다.

언젠가 한번 그 사람은
자기를 나의 해바라기라고
고백한 일이 있었는데…
정말 그 사람은 나의 해바라기였습니다.

태양은 그대로인데,
해바라기는 한철 잠시 피었다가
지기도 전에 익어지면 고개를 숙여버리니…
그 사람은 정말 나의 해바라기였습니다.

그러나 긴 겨울이 가고 여름이 다시오면
해바라기는 다시 피려니 하고 기다렸지만
여름은 수없이 오가는데
아, 나의 해바라기는 다시는 피지 않습니다.

지금도 밤꽃만 피면

여기 피는 밤꽃이
거기에도
해마다
어김없이 피겠지오만,

그래도 나
지금도 밤꽃만 피면
고운 꽃 고이 가려 골라
그대에게 보내드리고 싶은데…

그 밤꽃 받으시고
옛날이 그리워져
그대 마음
더욱 아파하실까 봐

올해도 용화산 밤꽃이
저렇게 흐드러져도
내마음 고요히
혼자 삭이며 살아가고 있답니다.

5월이 오면

지금도
5월이 오면
옛날처럼 그렇게

앞산
아카시아
꿀 향기 등천하고

뒷 메
소쩍새도
밤마다 저리 울고 있는데…

아, 그 사람은
올해도
오시질 않습니다!

만추(晚秋)

용화산 토박이 갈참나무들
어느새
황토 빛 새 옷으로
곱게 단장을 하고

울안 연노란 잔디밭엔
해맑은 가을 햇살이
저렇게 듬뿍
쏟아져 내리고 있는데…

이 아름다운 계절이 가기 전에
올가을에는 꼭
누군가를 만나보고 싶어서
곰곰이 생각해보지만,

아무리 생각해 봐도
그 사람 말고는 아무도 없으니
아, 올가을도
북쪽 하늘이나 바라보며 보내야겠네!

백로 2

현충일 이른 아침에
백로 한 마리
하얗게 분세수를 하고
외로이 6월 하늘을 날고 있다.

멀리서 보아도
그 모습이
너무나도 외롭고
처량하게만 보이는데…

아주 가마아득히
하늘 높이 떠서
북쪽으로
날아가는 걸 보면…

아마
저 백로도
사랑하는 님을
북에 두고 온 모양이다.

귀뚜리

여름부터 가을 내내 울밑에 숨어서
귀뚜르르 귀뚜르르
한가로이 노래를 불러
가을밤의 운치를 더해주던 귀뚜리가

상강 지나 밤마다 무서리 저리내리고
감나무가지 끝에 소슬바람 매달려 울어대니
이젠 너도 낮밤 가리지 않고
다급하게 울부짖고 있구나!

너 귀뚜리야 무슨 사연 있어
겁도 없이 내 안방까지 쳐들어와서
나를 보고도 달아나지 않고
여기저기 기웃거리고 다니느냐?

벌써 겨울이 다가오고 있는데
집나간 네 짝이 돌아오지 않아서
기다리다 지쳐 네 짝을 찾아 나섰느냐?
아, 이 불쌍한 귀뚜리야!

들꽃 2

구율 문화마을 앞
농수로 행 길 따라
하얗게 숨어 피어있는
이름 모를 작은 들꽃 한 송이!

지금 당장 널 눈여겨
보아주는 이 없어도
결코 낙담하거나
슬퍼하지는 말거라.

지금 네 모습 그대로
있는 듯 없는 듯
그냥 잡초와 더불어
다소곳이 숨어 피어있으면,

오히려 소박하고 의연한
네 모습에 마음이 끌리어
너를 좋아할 이
머지않아 분명히 생기리니…

3부 숭례문(崇禮門)

- 숭례문(崇禮門)
- 청둥오리 한 마리
- 말 한마디가
- 꾀 벗은 옥수수대
- 만보걷기 운동
- 오랑캐꽃
- 검정 비닐봉다리
- 아내의 꿈
- 변화(變化)
- 푸념
- 운동도 좋지만
- 아무리 권해도
- 화개장터

숭례문(崇禮門)

민족의 자존심 국보 1호
우리 민족과 610년간
애환을 같이해 온 숭례문이
어이없게도
당국의 토지보상금에 불만을 품은
시민의 한풀이 제물로
2008년 2월 11일 새벽 1시 55분에
누각을 받쳐놓은 석축만을 남겨놓은 채
영원히 역사 속으로 사라졌으니…
오, 슬프고도 슬프도다!

더욱 우리를 분노케 하는 것은
방화범이 난무하는 세상에서
문화재를 어떻게 관리하기에
밤이면 노숙자들이
숭례문 누각에 올라가서
나면을 끓이고 고기를 구어 먹었다니
정말 어처구니가 없다.

누가 누구를 탓하기에 앞서
숭례문 화재사건을 계기로
다시는 이런 일이
반복되지 않도록 하겠다는
우리 민족 모두의 다짐이 앞서야지만…

국보 1호가 불탔는데도
책임지는 사람은 없고
200억을 들여 3년이면 복원한다니
다시 한 번 우리를 경악케 한다.

문화를 지키지 못하는 사회가
어찌 역사를 지킬 수 있겠는가?
국보 1호의 값어치를
경제논리로 풀 문제인가?

아무리 원상대로 복원을 잘한다 해도
다시 태어나는 숭례문은
짝퉁은 될지언정
국보 1호 숭례문은 아니기 때문이다.

청둥오리 한 마리

초겨울 금강하구에
올해도 어김없이
철새들 수도 없이 찾아와
무리 지어 신나게 놀고 있는데…

왜 그런지
청둥오리 한 마리
무리 중에서 빠져나와
목을 잔뜩 움츠리고 혼자 외로이 떠있다.

외로워 홀로 우는 저 청둥오리야!
너는 어이하여
네 무리들과 함께 어울리지도 않고
혼자 울상이 되어있는 거냐?

친구들이 널 괜히 왕따를 시키더냐?
네 짝이 너무 힘들게 해서 그러느냐?
나는 사람들만 그런 줄 알았더니
너희들 세계에도 시기 질투는 있나보지!

말 한마디가

친정에 온 딸이 막 차에서 내려서자
대문 앞을 지나던 이웃 독거할머니가
딸을 보고 "너도 인제 늙었구나.
그려 나이허고는 못혀본당께."

아직도 처녀 같다는 말을
간혹 듣고 있는 딸이
그 말을 듣고 나서
갑자기 시무룩해져 장승처럼 서있는데…

그때마침 손녀 손을 잡고
지나가던 동네 할머니가
"은실이는 지금도 꼭 처녀 같네.
하나도 변하지 않았어."

울상이 되어 찌무룩이 서있던 딸은
동네 할머니 말을 듣고 서야
제정신이 돌아왔는지 힘없이
차 문을 닫으며 나를 보고 인사를 한다.

꾀 벗은 옥수숫대

가을걷이가 끝난 앞밭 머리 귀퉁이
마른 풀숲에서
소슬바람에 웅크리며
볼품없이 서있는 꾀 벗은 옥수숫대!

올 여름 장마철까지만 해도
넓고 긴 이파리 쭉~ 뻗으며
탐스런 열매를 달고 있어
제법 우러러도 보였는데…

언제부턴가
네가 가진 것들 하나하나
차례로 빼앗겨 나가면서
꺾이고 짓밟히기 시작하더니만,

이제는 그만
손에 쥔 것 하나도 없으니
아, 그 흔한
까치새끼 한 마리도 얼씬 하지 않는구나!

만보걷기운동

식생활이 서구화되면서
우리나라도 비만이 문제가 되어
TV에서 한때 하루 만보걷기 운동을
권장한 일이 있었는데…

나는 그때 내 주변 사람들에게
'무엇이나 너무 혹사를 하면
빨리 망가지기 마련이라' 며
만류한 일이 있었습니다.

그런데 서울 사는 내 친척 중에
철저히 만보걷기를 실천한 사람이
근래에 와서 무릎이 아파
더 걸을 수가 없어서 병원엘 갔더니

의사 선생님이 하는 말이
무릎연골이 너무 써서 다 닳았다며
'마른 나무를 계속 비벼대면
불이 날 수밖에 없다' 고 하더랍니다.

오랑캐꽃

텃밭에 제비꽃이
번지기 전까지만 해도
나는 정말 쪽빛 제비꽃이
너무나도 예뻐서

분재 밭을 매면서도
행여나 다칠세라
조심조심
애지중지 가꾸어 놓았더니…

이제는 너무 번성해
분재 밭을 망치고 있지만
하나를 뽑으면 열이 나와
날 괴롭히고 있으니…

사람들이 왜
그 예쁜 제비꽃을 보고
오랑캐꽃이라고 하는지
내 이제야 알만하구나!

검정 비닐봉다리

40대 중반쯤으로 보이는 여인이
차에서 내려 지경장터로 들어가는데…
엉성한 남방차림의 남편은 저만치서
마치 남남처럼 여인을 뒤쫓고 있다.

배꼽이 환히 튀어나온 여인의
제법 도톰한 엉덩이에
빛바랜 청바지가
간신히 걸려서 디룽거린다.

여인은 들어갈 때처럼
양산을 받고 빈손으로 나오는데…
남편은 검정 비닐봉다리를 양손에
몇 겹씩 걸어 쥐고 기우뚱 기우뚱 따라오고 있다.

아내가 저런 꼴을 보지 않은 게
천만다행이라고 생각하면서…
한눈팔다 늦은 나는 서둘러
아내의 검정 비닐봉다리를 받으러 장터로 갔다.

아내의 꿈
-2006년 즈음하여-

아내가 심각한 표정을 지으며
날 부를 때에는
언제나 나는 긴장이 되는데…
오늘 또 아내가 나를 그렇게 부른 것이다.

아파트가 비로소 등장하던
1970년대 초반부터 줄곧
시골은 비전이 없으니
시내로 들어가자며 졸라대던 아내가

'이젠 고생 좀 그만하고 논을 팔아
서울에 조그마한 아파트를 사서
당신은 시작활동을 하고
난 친정 동생들과 오명 가명 살자'고 한다.

조상이 남겨도 주었지만
내 피땀으로 늘려놓은 땅을
내 대(代)에 차마 버릴 수는 없어서
여기도 곧 개발이 된다며 큰 소리를 쳤지만…

한 세대가 지나도록 여전히
시골의 땅 부자가 서울 아파트
한 채 값도 안 되는 세상이니
아무리 생각해 봐도 무언가 잘 못된 것만 같다.

변화(變化)

2008년을 이틀 남겨놓고
눈발이 흩날리고 있으니…
내 마음도 스산하여
갈피를 잡을 수가 없네!

오늘 하루만도 겨울날은
몇 번이나 변덕을 떠는지
눈이 오다가는 해가 뜨고
해가 떴다가는 다시 눈이 오고…

세계경제도 떴다. 가라앉았다.
나라경제도 좋았다. 나빠졌다.
정치도 이랬다. 저랬다.
그 사람도 왔다. 갔다.

내 마음까지도 어찌 변할 지
내가 당장 모르니…
세상에 한결같은 건
아무것도 없네!

푸념

새집 짓고
아들 며느리와 함께 살아서
좋겠다는 사람도 있지만…

오두막
단칸방에서
보글보글

두 늙은이
끓여먹고
살 때가

정말
그때가
세상이었습니다.

운동도 좋지만

머리엔 검정 썬캡을 눌러쓰고
얼굴에 흉측한 탈을 쓴 사람이
두 주먹을 휘두르며 활보하는 걸 보고
나는 괴한이 나타난 줄만 알았습니다.

보아하니 걷기운동을 하는 것 같아서
곧 마음은 놓였지만
그 모습이 너무나도 역겹고
혐오스러워 마음이 아팠습니다.

얼굴을 보호하는 것도
운동을 하는 것도 다 좋지만
혼자 사는 세상도 아닌데
얼굴이라도 좀 내놓고 걸어야지 …

아무리 권해도

구당 김남수 선생님이 권하는
쑥뜸 현장을 TV에서 보고
내가 먼저 그대로 해보니
너무나도 신효(神效)하고 좋아서

천식을 앓고 있는 손자에게 시술하여
단 한번으로 기침을 그치게 하고
날마다 뜸을 뜨게 했더니 아직
완치까지는 몰라도 그 후론 기침을 않는다니…

그걸 보고 나는 더욱 자신을 얻어
외사촌 문홍철(文弘喆) 장로님과
처남 정종기(鄭宗基) 장로에게
뜸자리를 잡아주고 뜸을 떠주었습니다.

병으로 두려워하는 사람들에게
이 좋은 쑥뜸을 권하지만
아무리 권하여도 사람들은
다 귀 너머로 흘려버립니다.

화개장터

내, 고교시절 여름방학 때
친구들과 넷이서 무전여행으로
찾았던 쌍계사를 52년 만에
다시 찾아가던 길에 화개장터를 들렀다가…

젊은 여인 성남진에게 붙잡혀
대화를 하다 보니 믿음이 가서
손수 경작하여 처음 가지고나왔다는
상표도 붙지 않은 녹차 다섯 갑을 샀는데…

우리 부부를 보고 고맙다며
다음에 오실 땐 전화를 주시면
자기 집에 모시겠다는 말까지 했으니…
우리 부부는 그녀에게 더욱 정감이 갔네.

녹차 맛도 그렇지만 그보다는
화개장터 다정한 그 여인이 좋아서
녹차 열 갑을 전화로 더 신청했으니…
화개장터가 왜 유명한지 내 이제야 알겠네!

4부 그때는 몰랐습니다.

- 님 3
- 그때는 몰랐습니다.
- 울밖 정원에서
- 나는 그렇게만 알았습니다.
- 말이 씨가 되어
- 감식초
- 편지 4
- 이제야 철이 드나봅니다.
- 광지산 할머니
- 겨울 제비꽃
- 뻐꾸기
- 기차여행

님 3

세상에서 제일 좋은 게 무어냐고요?
어느 누가 나에게 그렇게 묻는다면
내게는 우리 님이 제일 좋다고
나는야 그렇게 대답할래요.

정말로 우리 님이 제일 좋으냐고
또 다시 다그쳐 묻는다 해도
그래도 우리 님이 제일 좋다고
나는 또 그렇게 대답할래요.

진짜로 우리 님이 제일 좋으냐고
연이어 삼세번을 묻는다 해도
그때에도 이렇게 대답할래요.
세상에서 우리 님이 제일 좋다고…

만약에 어느 누가 이유를 묻는다면은
나는야 이렇게 대답할래요.
세상사람 다 날 버려도
우리 님은 끝까지 날 버리지 않으니까…

그때는 몰랐습니다.

내가 젊어서 새벽까지 폭음을 하고
인사불성이 되어 운전을 하다가
아주 깊은 잠에 빠져들어
역주행을 한 일이 있었는데…

커브 길을 돌아 달려오던 트럭이
비껴가면서 조숫대 문짝 유리를 박살내
한겨울 칼바람이 날 깨워주었지만
나는 찬바람이 들어오는 연유마저 몰랐습니다.

주님이 커브 길 바로 앞에서
내 차창을 깨어 날 살려주신 것을
나는 정말 그때는 몰랐습니다.
먼 훗날에야 깨달았습니다.

유리 파편을 주어다가 유리컵에 담아두고
한시도 잊지 않고 그 파편 바라보며
날 살려주신 주님께 감사하려고,
옥산 봉서마을 돌머리에 가서

커브 길 근처를 샅샅이 뒤져봤지만
유리파편은 다 파묻혀버리고
4차선 확장공사에 들어간 도로엔
차들만 쌩쌩 무섭게 달리고 있었습니다.

울 밖 정원에서

어제 밤 봄비 내리더니
오늘은 유난히도 아침 햇살이 맑습니다.
오늘따라 빨간 석류꽃도
더욱 아름답게만 보이고,

아침 햇살을 받아 탱글탱글
부풀어 오르는 사과들도
떼를 지어 몰려다니는 까치들까지도
아름답지 않은 것은 하나도 없습니다.

지금 내가 이 아름다운 것들을
정말 아름답게 볼 수 있는 것은
주님이 오늘 아침 내 기도를 받으시고
나와 함께 하시기 때문입니다.

나는 그렇게만 알았습니다.

부모에게 불효하면
하나님이 직접
벌주시는 줄로만 알았습니다.

그런데 그게 아니고
자기스스로가 자기에게
벌주고 있다는 걸 이제야 알았습니다.

아버지와 발을 막고 사는 사람의
어깨가 처지고 걸음걸이가
철떡거리는 걸 보고서야 알았습니다.

말이 씨가 되어

나의 죽마고우였던 채주석이
입버릇처럼 한 말이 있었는데…
'우리 아버지가 70살에 돌아가셨으니
나도 70살에 죽을 거라고…'

정말 자기 아버지보다 3일을 더 살고
2007년 봄 70살 되던 해에 가셨으니…
말이 씨가 되었다고
사람들은 입을 모아 쑤근거린다.

말이 씨가 되어서 70까지
더 살았는지도 모르지만…
정말 좋은 말만 하고 살아야지
말하기가 두렵다.

성경말씀에도 하나님께서는
'너희 말이 내 귀에 들린 대로
내가 너희에게 행하리니'
라고 말씀하셨으니…

감식초

빈집 터 잡초 속에
임자 없이
버려진 감나무에서
똘감을 따다가

한 말 들이
옹기그릇을 찾아
감식초를 담고 나서
주님께 기도를 했습니다.

내년 가을에도
아내와 함께
이 감식초를
담게 해달라고…

편지 4

애독자한테서 받은 예쁜
초록빛깔 편지 한 장!
책갈피에 고이 넣어 보관하다가
어린이 집에 다니는 손자한테 들켜버렸네!

아직 낫 놓고
기억자도 모르는 꼬맹이가
눈이 휘둥그레져가지고는
할머니한테 가서 편지를 보이면서

할아버지한테
연애편지가 왔다며
심각한 표정으로
고자질을 하지만…

웃기만 하는 할머니를 보고
고개를 갸우뚱거리면서
이상한 눈빛을 하고
연신 내 눈치를 살피고 있다!

이제야 철이 드나봅니다.

1958년 처음 필터 달린 담배
아리랑이 시장에 나왔을 때
나는 그 담배가 너무 좋아보여서
아버지께 드리려고 두 갑을 샀습니다.

그해 가을 갑작스레 집에 와보니
우리 집은 초상집이 되었는데…
내가 서울서 집에 오기 한 시간 전에
아버지가 돌아가셨기 때문이었습니다.

식중독으로 발병 3일 만에
꽃 무덤으로 가시고 나서
아버지 호주머니에서 나온
빨간 팥알을 보시고 우셨던 어머니!

42년을 홀로 사시면서
너무나도 외로우셨을 텐데…
어머니 살아계실 땐 정말 난 그걸 몰랐으니…
이제 고희가 넘어서야 철이 드나봅니다.

광지산 할머니

1900년대 광지산 할머니가 새댁이었을 때는
산고(産故)가 있는 집 논을 갈면
소가 아구를 내지 않는다며
논을 갈다가도 쟁기를 떼어가지고 갔다는데…

회현면 구정 우리 진외갓집
논갈이를 하는 날
남편마저 출타하고 없는데
공교롭게도 새댁한테 산기(産氣)가 있었으니…

혼자 집에 있는 새댁은
애기를 낳지 않으려고
다리를 꼬며 안간힘을 다해 버텼지만
힘도 주기 전에 태아가 저절로 나와 버렸답니다.

산모는 겁이 나서 평소처럼
들밥도 쇠죽도 손수 다 내다주며
산고(産故)를 숨겼다니
지금 사람들은 이해할 수도 없는 일이지만…

내가 본 할머니는
아주 영리하고 건강하셔서
평생 병원을 모르고 96세 까지
광지산에서 손수 텃밭을 가꾸시며 살았습니다.

겨울 제비꽃

입동 싸락눈이 스쳐 간 자리
할머니 산소 앞에 홀로 앉아
그 동안 소원(疏遠)했던 불효를
참회하고 있는데…

올 추석 벌초 때
잘려나간 줄기에서 새 순이 돋아
뒤늦게 쪽빛 불을 밝힌
가여운 겨울 제비꽃 하나!

그 야리고 여린 생명이
잔뜩 움츠리고 앉아
혼자서 고개를 떨구고
오들오들 떨고 있다.

나도 그 옆에
움츠리고 앉아서
가여운 제비꽃을 어루만지며
혼자 떨고 있다.

뻐꾸기

작년 봄에 사다 심은 신고배가
앙증스레 연초록 새순을 내고
다닥다닥 청 매실이 벌써
동실동실 몸집을 불렸습니다.

앞산에선 뻐꾸기와 꾀꼬리가
서로 번갈아가며 울고 있는데…
뻐꾸기는 뻐국~ 뻐꾹~ 허스키한 목소리로
여운을 남기며 여유롭게 울다가

꾀꼬리의 아름다운 목소리에
쫌이 팔렸는지 울음소리를 갑자기
한 박자 높여 뻑뻑국~ 뻑뻑국~하며
기교를 부리니 더 멋있어 보입니다.

그러자 꾀꼬리는 뻐꾸기가 안되었는지
조용히 입을 다물어 버리니
뻐꾸기는 의기양양 신이나서 혼자
뻑뻑국 뻑국 뻑뻑국 뻑국 야단입니다.

기차 여행

텅 빈 장항선 열차를 타고
혼자 서울을 갈 때면
항상 생각나는 사람이 있습니다.

그 사람은 기차를 타고
어디론가 훨훨 멀리
떠나고 싶어 했습니다.

내가 기차를
탈 때마다
그 사람이 떠오르는 것은…

나도 항상
그 사람과 똑같은 생각을
하고 있기 때문인지도 모릅니다.

5부 겻불내

- 연산홍이 필때면
- 겻불내
- 망둥이 낚시
- 안영균(安永均)화백
- 팽이
- 살아갈수록
- 자전거
- 아령
- 찐빵
- 자화상
- 손자보기
- 마닐라 기행문

영산홍이 필 때면

어머니 나이
지금 내 나이보다도 젊었을 때
지경장에 가셨다가
사다 심은 철쭉꽃 열 구루를

잔디밭을 태우다가
화단에 불이 붙어 다 태워버리고
뒤란 모퉁이 축대 위에 심어놓은
영산홍 한 그루만 남아있는데…

해마다 봄이 오고
어머니 좋아하던 영산홍이 필 때면
선홍빛 꽃망울이 어찌나 곱고 아름다운지
보는 이마다 고와라 감탄들을 하지만…

나는 꽃보다도 오히려
어머니 손때 묻은 나무가 더 소중하여
영산홍줄기 양손에 거머쥐고
어머니 생각을 한답니다.

겻불내

지금은 시골에서도 왕겨 보기가 힘든 세상인데
정미소를 하는 앞마을 김광귀군이
작년 겨울에 가져다 준 왕겨가 있어
올봄 고춧대를 매고 그 자리에 왕겨 불을 피웠습니다.

그 동안 까마득히 잊고 살았던
왕겨 타는 냄새를 오랜만에 맡으니
어찌나 그 냄새가 구수하고 좋은지
옛날 생각이 나면서 돌아가신 윗분들 생각이 났습니다.

불을 피면서 누가 싫어하지나 않을까 걱정이 되었는데…
영국에서 살다 온 제자 이희성 부부가
마침 인사차 다니러왔다가 겻불내를 맡고
고향 냄새가 난다며 좋아하는 걸 보고서야
나는 깨우쳤습니다.

아, 그렇지! 어릴 때 날마다 맡던 겻불내!
바로 이 냄새가 추억의 고향 냄샌데…
나는 시골에 살면서도
이 평화로운 고향 냄새를 잊고 살았습니다.

망둥이 낚시

만경강에 가면 잠깐사이에
망둥이를 한 동이씩이나 잡는다기에…
낚시에 문외한인 나도
부랴부랴 낚시를 사가지고 만경강에 달려갔는데…

먼저 온 사람들은
망둥이를 낚아채느라 고부라져 있고
만경강 토박이 짱뚱이들만
나문재 사이로 폴딱폴딱 뛰어나와서 날 맞이한다.

딴 사람 낚시에는 두 마리씩도 겹쳐 올라오는데
내 낚시에는 한 마리도 걸리지 않아
기다리다 그만 꺼내어보면 그때마다
나는 미끼도 없는 빈 낚싯대만 잡고 있었으니…

얼마나 마음이 급했던지 바삐 가느라
대머리에 모자도 챙기지 않고
가을 뙤약볕에서 한나절을 삐대서
망둥이 열세 마리를 잡아 가지고 왔는데…

그럴 줄 알았으면
통이라도 좀 작은 걸로나 가져갈 것을…
혼자 투덜대는 나를 보고 아내는
그래도 망둥이 열세 마리면 그게 어디냐며 좋아한다.

안영균(安永均) 화백

용화산 비둘기도
짝을 찾아 울고 있는데…

어제는 안영균 화백님한테서
육군 중령 출신답게
통보 식의 전화가 왔습니다.
한학자 이양복(李陽馥)옹과 함께
내일 우리 집을 방문하겠다고…

공석 상에 나오실 때마다
구척장신 도포차림에다
큰 갓을 쓰고 계셔서
나는 부담스러워
접근하기가 어려웠는데…

안 화백님 말만 나오면
겉보기에는 근엄하셔서 차게 보이지만
마음이 여리고
부드러운 분이라며
나보다는 아내가 더 좋아한답니다.

서울에만 계시니
흙냄새가 그리워
우리 집에 오시겠다는
당신의 상기된 목소리는
어제 4월 새만금 하늘에 붕~ 떠있었습니다.

팽이

내가 초등학교에 들어가기 전 아주 어렸을 때
할머니를 따라 진외갓집을 갔다가
인수 형이 가진 삼원색 크레용을 칠한
기계로 깎은 팽이가 어찌나 욕심이 났던지

나는 형한테 팽이를 달라고
마구 졸라대다가 그만 울어버렸는데…
아저씨가 왜 우느냐고 물어 보시기에
형이 팽이를 주지 않아서 운다고 했더니…

아저씨는 어린 동생을 울린다며
다짜고짜 가죽 쇠파리채로
형의 등을 후려치시며
형의 팽이를 뺏어서 내게 주셨습니다.

그렇게 해서 팽이를 뺏기는 했어도
나한테 팽이를 뺏기고 울던 형을 보며
너무나 미안했던 생각이 나서
나는 지금도 팽이만 보면 그때 생각이 난답니다.

살아갈수록

내가 어렸을 때는 들판에 나갔다가
소나기를 만나 천둥번개라도 칠 때면
나는 신바람이 나서
비를 맞으며 들길을 달리곤 했었네!

젊어서는 천둥번개가 치고
소낙비가 내리는 깜깜한 밤에도
곤히 잠든 일꾼을 깨우지 않으려고
삽을 들고 들판을 돌며 물꼬를 보기도 했었는데…

지금은 천둥번개가 치는 날
들길을 차로 달리는 것만도 두려우니…
늙어갈수록 생에 대한 애착심이
더 강해져서도 그러겠지만…

살아갈수록 사는 것이 무섭기만 하니
마음 놓고 편히 살려면
남을 아프게 하는 일만은
정말 하지 않고 살아야 할 텐데…

자전거

유치원에 다니는 손자가
차에서 내리면서부터 징징거리더니
급기야 자전거를 사달라며
혼자 쏘파에 누워 눈물을 쭉쭉 짜고 있다.

할아버지 마음은 아팠지만
일부러 본체만체 내버려두었더니
울던 손자는 안 되겠는지
일어나 TV를 켜고 보다가 저절로 풀렸는데…

그제야 할아버지는
차가 많아서 자전거를 타면 위험하니까
안 된다고 잘 깨우쳐 주었더니
손자는 자전거를 단념하고 놀다가 좋아하며 갔는데…

하필 주말에 손자가 오던 날
자전거를 탄 동네 아이도 집에 왔으니…
부러운 눈으로 자전거를 바라보는 손자를 보면서
할아버지 마음은 또 한 번 아팠네.

아령

근육이 풀리는 거라도 막으려고
체육사에 가서
홀가분하게
3키로찌로 아령을 골랐는데…

체육사 주인이 보고는
4키로짜리는 해야 한다며
더 무거운 걸 권하여
내가 순순히 따른 것은

아직도 남이 보는
나의 기상(氣象)이
젊어 보인다는게
너무나도 기뻤기 때문이었습니다.

찐빵

찐빵처럼 생긴 중년 여인이
검은 테 안경을 쓴 남편과
찐빵을 먹으면서
지경 장터거리를 지나간다.

부부가 서로 마주보고 웃으며
오순도순 걷는 모습이
하도 아름답고
행복하게 보여서

나도 장터거리에서
천원에 찐빵 세 개를 사서
아내와 함께
나누어 먹어 보았지만…

평생 않던 짓을 한다며
따져 묻는 아내를 바라보면서
괜히 맛도 없는 찐빵 하나만
치우느라 힘만 들었네!

자화상

혼자서 하루 종일
집을 보는데

부엉부엉 부엉이
울고 가기에

반가워 서둘러서
나가봤더니

부엉인 어디 갔나
보이지 않고

어스름 조각달만
앞산에 걸려

삐쭉이 나를 보고
하는 소리가

어이구, 못 말리는
이 곰 퉁이야!

손자 보기

손자가 울면
할아버지도 울고
손자가 웃으면
할아버지도 웃고,

할아버지는
우는 손자를 달래려고
손자 앞에서
개다리 춤을 추었습니다.

울던 손자는
배꼽을 쥐고 크게 웃었습니다.
할아버지도
따라서 웃었습니다.

그 후로 손자는
우리 할아버지는
개다리 춤을 잘 춘다고
사람들만 보면 자랑을 합니다.

마닐라기행문

　새천년 7월 29일 오전 11시 여름방학을 맞이해서 막내 아들의 식구들을 데리고 막내가 살고 있는 마닐라 공항에 내렸다.
　공항 앞 좁은 마당엔 찌푸니만 간혹 드나들 뿐 한적한 시골 면소재지 같이 큰 건물이 없고 앞이 확 트여서 좋았다.
　포장도 되지 않은 공항 출구 앞 작은 화단가에 한국에서 보던 참새 한 마리 날아와 쫑쫑 뛰어다니며 빈 땅을 부지런히 쪼아대고 있는 걸 보니 어쩐지 정감이 간다.

　기온은 섭씨 31도 더윈데도 때때로 내리는 소나기에다 살랑살랑 자연풍이 불어와 비교적 기분이 상쾌하다.
　주차장을 구경할 수도 없지만 차는 아무데나 제멋대로 주차를 해도 시비하는 사람이 없다.
　공항을 빠져나오면서 아스팔트길이 시작되는데, 공항 앞부터 군데군데 패인 크고 작은 웅덩이마다 물이 고여 있어 차는 계속 물장구를 치며 달린다.

　사람은 수목에 싸여 살고, 차는 한가로이 나무 사이로 다니는데, 마닐라 거리는 차 문을 열어놓고 달리는 소형

승합차 찌프니 세상이다.

 고갯길도 없지만 조그만 언덕이라도 당하면 버스와 트럭에서 뿜어 대는 까만 연기로 뒤덮여 그 주변이 보이질 않는다.
 차에 비해 도로는 비교적 넓은 편인데, 차선은 빛이 바래서 거의 보이지 않고, 어쩌다 복잡한 4거리에만 신호등이 있을 뿐 교통경찰도 보이지 않는데도, 교통사고도 없이 차들이 술술 잘 소통되는 걸 보면 필리핀 사람들은 낙천적이어서 서두르지를 않기 때문인지도 모른다.

 차에 받혀 넘어진 아낙은 일어나더니, 오히려 미안한 표정을 지으며 도망치듯 자리를 뜨는데, 운전수는 나와 보지도 않는다. 차에 치어 사람이 죽는다 해도 2만 패소(한국 돈 50만원)만 주면 된다니 사람값이 쌀 세 가마 값도 안 되는 셈이어서 또 한 번 놀랐지만, 여자 월급이 우리 돈 2만원이라니, 한국 여성 하루 품삯의 절반밖에 안 되는 걸로 보아 과장된 말만은 아닌 듯싶다.

 그보다도 날 더욱 놀라게 한 것은 한국엔 100대 대학 안에 드는 대학이 없는데, 세계50대 대학에 드는 UP대학이 마닐라에 있다는 것도 그렇지만…

 그보다는 슈마트를 보고는 경악을 금치 못했으니… 지하 2층에 지상3층 건물이 어찌나 크고 넓은지 아무리 걸어도 끝이 없어 1층만 구경을 하다가 돌아왔는데… 출입문만도 몇 십 개나 되는지 들어간 문을 찾아 나오기란 여간 힘든 일이 아니다.

그런데 이런 슈마트가 마닐라에 만도 여러 개이고, 전국 큰 도시마다 있다니, 슈마트의 주인은 얼마나 부자인지 감이 잡히지 않는다. 그런 슈마트의 주인이 왕년에 구두수선공이어서 마트 이름도 SM(슈마트)이라 했다니, 나는 또 한 번 놀랐다.

들 길(고석원 제9시집)

지은이 / 고 석 원

2009. 2. 25. 발행

펴낸곳/ 도서출판 엠-애드
펴낸이/ 이 승 한
서울시 중구 필동3가 10-1
전화 / 02)2278-8063/4
팩스/ 02)2275-8064
 e-mail/madd1@hanmail.net
등록번호/ 제2-2554

마케터/ 이종학
디자이너/ 임선실
전산팀/ 임재혁

이 책에 실린 글과 모든 그림, 사진의 무단 전재와 무단 복제를 금합니다.
파본은 교환해 드립니다.

정가: 6,000원

ISBN 978-89-88277-77-5